12周科学跑步指南

12周——从久坐族到轻松跑完5千米的蜕变

[英] 丹尼尔·福特　著
[英] 保罗·考彻　健身顾问
[英] 罗素·墨菲　心理顾问
巩利　译

河南科学技术出版社
·郑州·

图书在版编目（CIP）数据

12周科学跑步指南/（英）丹尼尔·福特（Daniel Ford）著；巩利译. —郑州：河南科学技术出版社，2018.10
ISBN 978-7-5349-9271-1

Ⅰ. ①1… Ⅱ. ①丹… ②巩… Ⅲ. ①跑—健身运动—指南 Ⅳ. ①G822-62

中国版本图书馆CIP数据核字(2018)第160319号

出版发行：河南科学技术出版社
地址：郑州市经五路66号 邮编：450002
电话：（0371）65788673 65788810
网址：www.hnstp.cn
策划编辑：李 林
责任编辑：李振方
责任校对：吴华亭
封面设计：张 伟
责任印制：朱 飞
印 刷：郑州新海岸电脑彩色制印有限公司
经 销：全国新华书店
开 本：787 mm × 1092 mm 1/32 印张：4.5 字数：90千字
版 次：2018年10月第1版 2018年10月第1次印刷
定 价：39.80元

欢迎您，12周跑步挑战从这里开始……

本书的作者深知您想通过健身获得健康，却迟迟没有采取行动的原因。

您的生活十分忙碌，在生活中，锻炼这件事需要其他人和事配合，如朋友、伴侣、孩子、工作和其他事务。

您健身只是为了享受乐趣，就像晚上与朋友出去吃顿饭或者出去玩儿一样，所以把健身当作生活中日常的一部分吧。

您下定决心开始健身，您希望有一个健身计划可以引导您逐步实现这个目标。

您的12周专属跑步计划

1

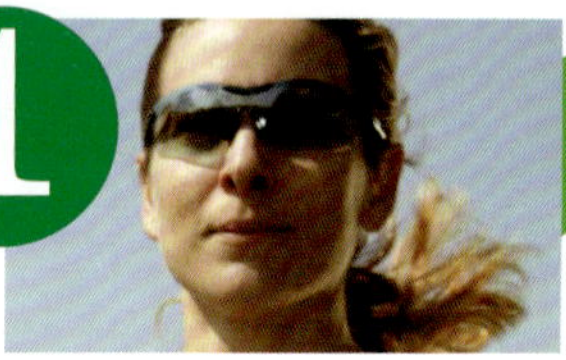

承诺时刻

下定决心开始跑步，这是很重要的一步……

2

现在开始跑起来

现在是时候跑起来了，刚开始要慢一点，不要用力过猛……

7

您已经成功了一半

是时候评估一下自己：看看自己短时间内进步了多少……

8

重新做出承诺，继续前进

回忆当初为什么开始，向着终点前进……

9

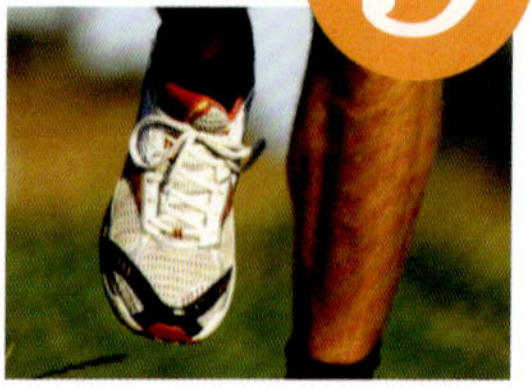

向着终点全力冲刺

加大锻炼的强度……

10

控制

感觉健康、舒适。跑步越来越轻松……

3

拉伸和放松

充分的休息、良好的睡眠和拉伸身体都很重要……

4

使锻炼成为习惯

突然间，跑步成为您日常生活的一部分……

5

渐入佳境

您跑得更轻松、更顺畅，享受跑步的过程吧……

6

小有成效

您觉得身体正在变得更健康。这是您一直以来坚持的成效……

11

胜利在望

开始减速，您需要专注于比赛了……

12

跑步周

这就是您努力的目标。您已经准备好跑5千米了……

引言

欢迎您，您的12周挑战从这里开始……

您已经在网上或书店购买本书，或许会想："这就是我需要的，这是为我量身打造的！"那么，这个挑战——12周内，从久坐族到轻松跑完5千米，您已经迈出了第一步。您可将接下来的12周看作是一系列的小步骤，一个个坚持下来，定会完成最终目标。您阅读本书，意味着您已经迈出了第一步，也许是最重要的一步。

设想一下：如果您想举办一场晚宴，但总是担心晚宴会不成功，觉得自己准备的食材和酒水不充足，强带笑颜迎接客人，那么您的晚宴十有八九会搞砸。您只需在脑海中设想晚宴的盛况——盘子里堆满了美味精致的食物、宾朋的脸上洋溢着幸福的微笑。然后将所有的任务分解成一个个小任务，逐一完成，最后一定会实现最终的目标。我们知道，很多事情都不是一蹴而就的（从久坐族到轻松跑完5千米不可能一蹴而就），所以您只需做好"准备佳肴、布置桌椅"等事，因为只有完成这些小任务，您在脑海中描绘的那个最终结果才会成真。

人们锻炼的目的不尽相同。有的人为了减肥而锻炼，有的人为了穿上漂亮的裙子而锻炼，有的人希望自己更健康，也可能有的人只是因为在酒吧里，被一位朋友取笑运动的日子已经离其远去而愤愤地打赌……这些理由都无可厚

一件事

现在您只需要关注一件事，那就是开始锻炼。不要试图刚开始就戒掉烟酒，只吃果蔬。如果试图一次改变太多，很有可能会坚持不下来。

想要到达某个地方，第一步是下定决心不要停在原地。

——约翰·皮尔庞特·摩根

非、合情合理，而且都是常见的锻炼动机。但是，记住您的目标是从椅子上站起来，轻松跑完5千米。不要老想着其他事，如减肥、节食或者输了赌约等；这些都是您进行这个挑战衍生的副产品，不必为此伤神。

在这12周内您可能会犯规，体重没有减轻，或者虽然也能完成锻炼，但忍不住吃了比萨和鸡翅。出现这些情况的可能性不大，但也不是完全没有可能。做任何事都需要时间，不能一蹴而就。每个人的体质不同，加之很多其他的因素，如果您一直在意绕公园慢跑之后体重没有下降，或者在这12周内比萨外卖员仍然看到姓氏就知道是您，那么唯一的结果就是您失去动力，回到开始的地方—— 您的扶手椅。

现在花几分钟设想一下最终结果，如果需要，可以闭上眼睛。

听

倾听您身体的声音。您可以通过感受身体的反应，来知道您什么时候舒服，什么时候难受。跟随此健身计划，听从建议。但要知道，您的身体才是最好的指导老师。

看

在您付诸实际行动之前，确保自己能预见最后的成功。您的大脑和身体是一个团队，头脑是领导者，所以请务必花时间去构想最终成功的画面。

不管您是在火车上，还是在家里，也不管您觉得这种设想画面的方法是否有用（大多数人也认为无用），都请您花点时间预想一下最终的结果。

想象自己经过12周的锻炼，最终冲过终点线时，脸上挂着微笑，这种感觉是多么美好。想象一些细节，如完成挑战后，阳光照耀在脸上，同伴或朋友在为您鼓掌。继续想，您想象自己更苗条、更性感……

如何使用本书

好了，现在您已经想象出最终的结果，是时候采取必要的行动了。您能轻松看出来这本书被分成了12个阶段，即12周。每周都会对这一周的重点做简要叙述。在前一周结束时，阅读下一周的计划，以便更好地消化它。

与上面所述一样，想象一下本周锻炼结束成功的画面（来吧，您已经驾轻就熟了）。不要跳过这几秒的可视化画面，因为这对于在头脑中先行巩固下一周的锻炼起重要作用。您还可以在本书中找到食物、饮料、心理健康、睡眠等方面的内容，这些内容完全可以运用到这12周里。

每周重要的是您的锻炼计划及日记。在前一周结束时，认真阅读下一周的计划，只有这样，才会有足够的时间来理解、执行。同时，也要确保留出时间写日记以记录每日的活动，不要将日记慢慢退化成“有时间再记”，不然您会发现，一天结束之后您根本没有时间写日记了。要像对待一场重要的会议或一场家长会一样，认真对待每一周的锻炼。

在本书有些页面底部，您会看到一些交通灯图标提示“需要做”（绿灯）“需考虑”（黄灯）以及“不要做”（红灯）等。这些是在锻炼中可以用到的小建议。您也会看到页面上有“奖励”，当这周锻炼完成的时候，奖励是值得期待的，这样做很贴心，是不是？在右侧备注栏记录每天的感受，这是结束每部分最好的方法，之后回味也会让人感到非常有趣，您会惊讶于自己进步的速度。

最后，在每一周的最后，总结一下自己在本周所取得的成绩。同样，在笔记栏记下您的想法和感受，因为这是本周锻炼的一个分割线，并可为下一周的锻炼做准备。然后，您可以拍拍自己，给自己一个奖励。

何时

如果您是第一次或长时间休息之后才开始锻炼的，最好先跟医生确认您的健康状况，向医生解释清楚您的计划，并征得医生的同意。

本周目标

在每周结束时，阅读下周的锻炼内容，这样您才有时间来消化这些内容。

这段文字是您本周目标的概要。在这一节的其他地方，您会发现一些关于食物、饮料或心理健康的小片段。

锻炼计划

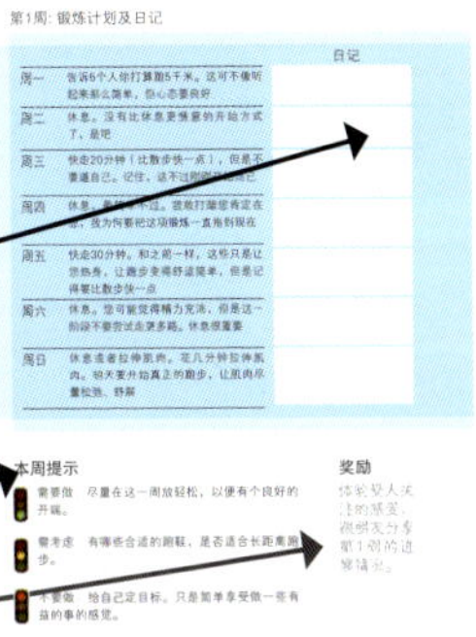

确保您把每周的锻炼看得与约会一样重要。它们的确很重要。

记下您的所感所想，哪怕是记下“今天出门跑步的时候碰见史密斯太太，她好美！”或者“今天感觉很棒！”都可以。

这些是本周的温馨小提示。

这是您每周结束时所期待的内容。

已实现的成绩

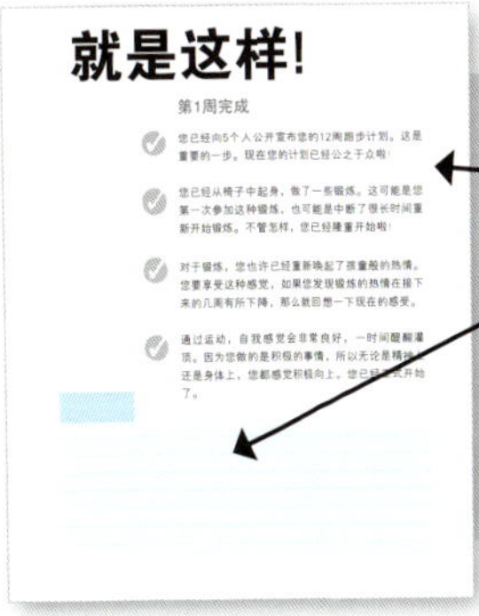

这是您本周完成的内容。

无论好坏，都请您花费时间记录本周的感受。

第1周

承诺时刻

下定决心开始跑步，这是很重要的一步……

此刻您所享受的兴奋感是很重要的。记住您此刻的感受，并把这种感受储存在您的记忆库中。当开始做某件新鲜事的时候，有这种兴奋感是非常正常的，但随着时间的推移，这种热情会逐渐消退。当热情开始消退时，请到记忆深处去挖掘这种感受，然后您就会发现您的热情会再次高涨。

接下来重要的一步是做出承诺。从某种程度上来说，您已经开始了——您买了这本书，而且决心做这件事。但是您想做某事和告诉别人想做某事有天壤之别。一旦告诉别人您准备开始5千米跑步锻炼，这一想法就像是泼出去的水，使人更难半途放弃。所以存有“我先试几天，看看效果”想法的人，通常会失败。

本周目标

告诉别人您要在12周之内挑战5千米跑步。去吧，大声告诉全世界您要做什么！

您已经决定做这件事了，那么现在就把这个决定分享出去吧。因为，一旦您将这个决定告诉别人，就没有回头路了。

除非真正地投入，否则，有的只是承诺和希望，而没有切实的计划。

——彼得·F·德鲁克

第1周：锻炼计划及日记

		日记
周一	告诉5个人你打算跑5千米。这可不像听起来那么简单，但心态要良好	
周二	休息。没有比休息更惬意的开始方式了，是吧	
周三	快走20分钟（比散步快一点），但是不要逼自己。记住，这不过刚刚开始而已	
周四	休息，最简单不过。我敢打赌您肯定在想，我为何要把这项锻炼一直拖到现在	
周五	快走30分钟。和之前一样，这些只是让您热身，让跑步变得舒适简单，但是记得要比散步快一点	
周六	休息。您可能觉得精力充沛，但是这一阶段不要尝试走更多路。休息很重要	
周日	休息或者拉伸肌肉。花几分钟拉伸肌肉。明天要开始真正的跑步，让肌肉尽量松弛、舒展	

本周提示

需要做：尽量在这一周放轻松，以便有个良好的开端。

需考虑：有哪些合适的跑鞋，是否适合长距离跑步。

不要做：给自己定目标。只是简单享受做一些有益的事的感觉。

奖励

体验受人关注的感受，跟朋友分享第1周的进展情况。

至少选择5个朋友、家人或同事，告诉他们您计划跑5千米。但不要因为穿着新的健身服，带着健康的午饭，而变成办公室里的“烦人精”（随意摆放这本好书当然是可以的）。只需等待合适的时机，闲聊几句即可。

例如，“这个周末我干什么了？噢，我买了一本新书，决定开始5千米跑步锻炼。”“我这个星期在做什么？嗯，我打算开始5千米跑步的锻炼。”

准备好听到各种各样的回应，特别是当您的八卦满天飞的时候。有的人会为您加油打气，有的人会不屑，甚至有的人会嘲笑您。不要因为别人的嘲笑而退却，可以利用这些来激励自己。选择一个您认为会鼓励您的人，但不要回避那些负面的反应——这些反应通常来自于因为自己做不到或害怕自己不能做到而嫉妒您的人。

对于很多人来说，向大家宣布锻炼计划比真正开始锻炼更加难以做到。当然，如果您实在不想告诉别人，也可

50

本周您可能只锻炼了50分钟。
50分钟可能还没有您和朋友喝咖啡或者看综艺节目的时间长。
由此看来，锻炼并没有占用您很长时间。
请确保抽出时间锻炼，就像抽出时间做其他事一样。

临渊羡鱼，不如退而结网。

——中国谚语

以悄悄开始锻炼。但是把自己的计划公之于众的人更有可能坚持到最后，这是因为既然想向别人证明自己可以做到，又害怕别人认定自己是失败者的心情会促使您坚持下去。告诉朋友自己要戒烟的人比那些不说的人更容易把烟戒掉，其他事也是一样，当然，12周锻炼计划也不例外。

所以第1天的工作非常关键，但对于有些人来说却是让人生畏。第1周剩下来的几天完全就是短距离的散步和拉伸，您也许觉得自己很强健，此刻的您很兴奋，恨不得直接沿着马路开始奔跑。但是，快走的步伐却像是老人边散步边遛狗……坚持住。无须着急，您尚有12周甚至更长的时间，可以面带微笑地从邻居门前跑过。

把第1周当作再次锻炼的热身阶段。在日常生活中，您也会走不少路——去商店、去公交站、去酒店，等等，但这些都不是事先计划好的运动。这些日常的活动也非常重要，也会伴随12周锻炼的始终。要事先做好计划，哪怕只是散步，也不例外。同时您也会因为“做了很多事”而兴奋。

英国女性锻炼情况

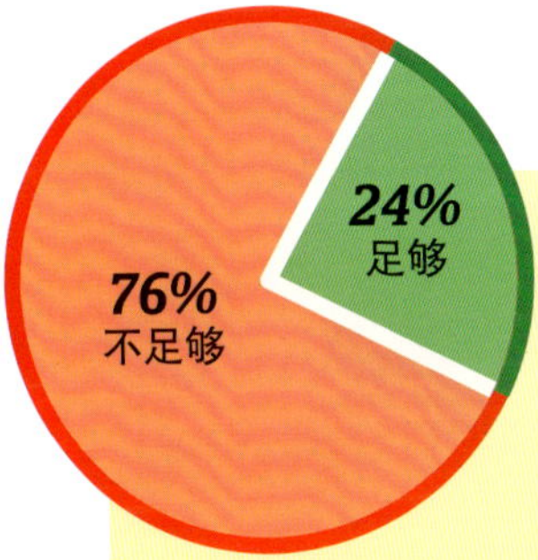

英国政府发布的健康指南指出，在英国，只有24%的女性（37%的男性）进行了足够的锻炼。很好，您已经加入锻炼者的队伍了。

数据显示，大多数人非常容易陷入不健康的陷阱。如果您想在接下来的几周放弃锻炼，记得提醒自己这一点。

80%的成功在于展示自己。

——伍迪·艾伦

就是这样！

第1周完成

- 您已经向5个人公开宣布您的12周跑步计划。这是重要的一步。现在您的计划已经公之于众啦！

- 您已经从椅子中起身，做了一些锻炼。这可能是您第一次参加这种锻炼，也可能是中断了很长时间重新开始锻炼。不管怎样，您已经隆重开始啦！

- 对于锻炼，您也许已经重新唤起了孩童般的热情。您要享受这种感觉，如果您发现锻炼的热情在接下来的几周有所下降，那么就回想一下现在的感受。

- 通过运动，自我感觉会非常良好，一时间醍醐灌顶。因为您做的是积极的事情，所以无论是精神上还是身体上，您都感觉积极向上。您已经正式开始了。

本周小结

第2周

现在开始跑起来

现在是时候跑起来了，刚开始要慢一点，不要用力过猛……

到目前为止，您所做的一切都是为了让您在接下来的几周做好充分准备，并且习惯抽出点时间去运动。本周仍然会有很多散步时间，甚至之后还会有一些其他的运动（如游泳或者骑行）让您保持新鲜感，但是现在要动起来。

如果您是时隔数月或数年重新开始跑步，有几点需要注意。首先，最开始经常性地跑跑停停并不丢人。事实上，在跑步的时候不停地变换运动方式是广泛应用的策略，有些顶尖的田径运动员也采用这种方法。您会发现这个锻炼计划包括间歇性的跑跑走走（刚开始的时候更多的是走而不是跑）。有的人可能觉得停下来不跑了是“作弊”，其实不然，这是一个很好的策略。

本周目标

完成本周计划的锻炼之后，不要再做额外的锻炼——哪怕您此刻热情如火，也不要超额完成。

完成目标的最佳途径是循序渐进地增强身体素质、逐渐地增加信心。那些一开始用力过猛的人往往会半途而废。

开始阶段是工作最重要的部分。

——柏拉图

第2周：锻炼计划及日记

		日记
周一	快走9分钟，慢跑1分钟，重复3次（共30分钟）。短距离慢跑是为了让您运动起来。保持身心轻松	
周二	休息。给自己放一天假	
周三	散步5分钟，慢跑3分钟，快走5分钟（共13分钟）。慢跑的时候不要给自己太大压力，放轻松	
周四	休息。有机会就做一下拉伸，但确保在开始的时候身体已经预热	
周五	快走9分钟，慢跑1分钟，重复3次（共30分钟）。短距离慢跑时，放轻松	
周六	休息	
周日	休息或者拉伸。拉伸可以舒缓锻炼后的肌肉，可以为明天的运动做准备	

本周提示

需要做：提前做好本周计划以确保您知道哪一天或哪一个时间段会参加锻炼。

需考虑：多饮水。每天比以往多喝2杯水。

不要做：因为错过一天的锻炼而沮丧。这个锻炼计划很灵活，如果有必要，可以小范围地调整休息和锻炼的天数。

奖励

尽情享受您最爱的食物——红烧鲤鱼、汉堡或薯条，无须内疚，无须担忧。

想一想小孩子们是怎么跑步的：他们一个箭步冲出去，直到筋疲力尽，把手放在腰上，稍微喘口气又一下子冲出去。我们不建议您采用这种“全速前进”的方法，跑跑停停的方式对于健身其实非常有效，所以别觉得跑跑停停的方式不对。但也不要以此为借口，要记着您的5千米终极目标，不要太在意过程。

起跑太快也是问题。也许是我们仍记得在学生时代全力冲刺的情景，或者说，尽管我们在过去的几年中一直在电视机前放一大块意大利辣香肠比萨，但我们依然认为只要穿上短裤跑起来，一切就会改变。起跑时比自己平时跑步再慢一些，尤其是刚开始的几次。即便您觉得邻居花园里的蜗牛都能追上您也不要担心，要知道，您还有11周的时间呢！

真正让我们担心的是害怕人看见自己跑步，更有甚者外出锻炼的时候害怕见人。“我看起来是不是很蠢？”“尽管上衣穿得很宽松，是不是还是难掩肥胖的身材？”如果您是这么想的，那么想一想在什么时候，在哪里跑步比较安全，您可能想在清晨或者傍晚，在不会遇见熟人的地方。最好的方式就是不要管别人如何想，因为这是您自己的事。

2.4升

身体每天丢失或排出的水分约2.4升，因此我们每天至少要补充这么多水分。虽然食物可以提供水分，但是每天喝足够的水也是非常重要的。只有喝足够的水，才能确保不会脱水。

距离不是问题，难的是迈出的第一步。
——杜德芳侯爵夫人

无论怎样，您都应该承认从椅子上起来而且开始锻炼了这样一个事实。毕竟您的身体已经重新运动起来而不是成天窝在沙发上，哪怕现在只是运动几分钟而已。

一开始运动，您可能有点上气不接下气，或许心想，我怎么就选了一个这么不适合我的项目，甚至总是看到不好的一面。但是请安慰自己：这些是很正常的心理反应。如果在任何阶段您觉得自己运动过度，请停下来休息一下，或者干脆直接停止。虽然这个锻炼计划是经过精心设计的，但前提是您真正知道自己的运动上限，所以一定要适可而止，量力而行。

另一方面，即使您感觉自己像“神奇女侠”或“超人”，也不要超额完成锻炼计划。该计划旨在逐步向最终目标迈进，并确保您不会受伤。一些热情高涨的人在开始锻炼时运动过量，但没有坚持到最后，因为他们快速燃尽了所有的热情。

您会惊讶于自己进步的速度，所以记住那些上气不接下气的时刻，因为它不会持续太久。本周锻炼时您可能会觉得腿部有些僵硬，一定要记得拉伸肌肉，以备下一次跑步。

每日热量摄入量

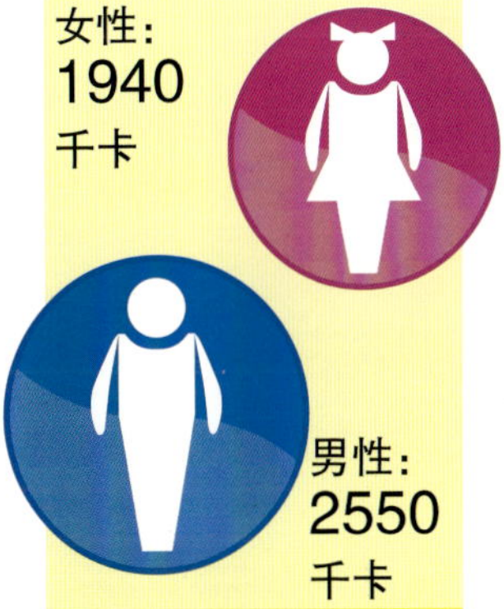

没有必要过多关注热量的摄入量，我们买的大多数食物包装上都清晰地标明了营养成分，很容易就能看到热量值。

一个人每天需要的热量取决于各种因素，如身高、体重和生活方式。上图显示的是英国权威机构对人每日摄入热量的估计值。

我们不能无功而返，最起码现在不能……坚持下去！

——TJ

就是这样！

第2周完成

- 您不再觉得跑一会儿接着走路是“作弊”，现阶段您还不能全力冲刺。您有12周的时间来完成这个挑战，现在只是这一阶段的一小步。

- 或许您发现在运动的时候会有人看您。请不要介意，这是您自己的事情，不要让任何人打扰到您。

- 尽管您很兴奋，但也不要超额完成锻炼计划。坚持按照计划进行锻炼，您终会完成挑战。

- 运动过后，您可能会觉得肌肉有些僵硬，这属于正常现象。

本周小结

第3周

拉伸和放松

充分的休息、良好的睡眠和拉伸身体都很重要……

如果我们告诉您，在本锻炼计划中最重要的日子是休息的那几天。这会不会让您很兴奋？希望如此。因为锻炼的时候，身体会处于压力之下，积极的压力可以让您的肌肉得到从未有过的伸展（但是也有限度），这不同于工作中的压力或者超市里粗鲁的收银员带给您的压力。

正因为您的运动量比之前多，所以需要恢复和重建，这时候充分的休息就至关重要。推进、重建、再推进、再重建，慢慢地提升体能，直到做好跑5千米的准备。锻炼可以强身健体，逐渐恢复和重建身体机能，为下一阶段的锻炼做准备。这就是为什么每一个健身计划都是循序渐进的，因为确实需要逐渐提高身体素质。要时刻记得休息。但休息并不是要您从早到晚一直窝在沙发上。

本周目标

领悟休息的重要性。休息对您来说不难吧？休息是您的身体在锻炼之后恢复和重建，所以要认真对待休息。您还需保证良好的睡眠，渐渐养成运动前后拉伸肌肉的习惯。

我告诉自己：摆脱束缚、跑起来、放轻松。

——卡尔·刘易斯

第3周：锻炼计划及日记

		日记
周一	快走8分钟，慢跑2分钟，重复3次（共30分钟）。慢跑时间可以逐渐增加，但是大部分时间要保持快走的速度	
周二	休息	
周三	散步5分钟，慢跑5分钟，快走5分钟（共15分钟）。这是很好的锻炼方式，花的时间比喝咖啡的时间还要短	
周四	休息。希望您已经养成在休息日拉伸的习惯，哪怕只有几分钟	
周五	快走8分钟，慢跑2分钟，重复3次（共30分钟）	
周六	休息，享受一个美好、放松的周末	
周日	休息或者拉伸。记得向前看，把锻炼时间记在手机或日记里，合理安排时间	

本周提示

需要做：开始思考锻炼时的姿势，好的跑步姿势可以避免疼痛。

需考虑：参加群体锻炼或找一个锻炼伙伴。和其他人一起锻炼会使锻炼计划实施起来更容易。

不要做：锻炼时不要逼自己太紧，否则会使体力透支。

奖励

给自己预定一个舒舒服服的全身按摩。

休息很重要，归根结底是睡眠很重要。锻炼的时候，尤其是在刚开始锻炼的时候，会需要更多的睡眠帮助身体恢复和重建。只有您知道自己是否缺少睡眠，尽量比以前多睡一点。有规律的睡眠是非常有益的（但在周末疯狂补觉并不是明智之举）。当然，现实中很多时候难以多睡一会儿，也难以规律睡眠。但在生活方式可控的范围内，尽力协调以达到最佳睡眠状态。

除睡眠之外，您还可以做其他有助于放松的事情，如听音乐、洗热水澡或者看电影。为了增加灵感和动力，您也可以看体育节目。

现在开始拉伸身体。很多人跳过拉伸这一环节，因为他们觉得拉伸看起来很愚蠢（压腿时身体弯曲、发出的嘟囔声以及各种挣扎的蠢态）。

38%

英国的一项研究发现，不爱运动的人在医院里的时间比爱运动的人多38%，相比之下，他们要多花5.5%的时间去看医生，并多花13%的时间来接受专业治疗。

不要心急。多锻炼，保持昂扬的心态，睡眠充足，健康就指日可待。

——詹姆斯·弗里曼·克拉克

13997
USAA
For Ellie
2006

在运动的时候，拉伸非常重要。事实上，拉伸对每个人都很重要，特别是对于刚开始运动的您，因为每一次运动肌肉都会紧张和收缩（这也是身体变得僵硬的原因），而拉伸有助于舒缓紧张的肌肉。

一定要养成运动前拉伸的习惯（轻轻地拉伸，不然肌肉不会预热），运动之后也要拉伸。很多人运动后会忘记拉伸，这都可以理解，因为每次锻炼之后人们唯一想做的就是喝水、坐下来休息。但是不要意志力不坚定，要经得起诱惑。事实上，运动后拉伸比运动前拉伸更重要。您的肌肉现在已经热起来，更易于接受这种运动的状态。这时候几分钟的拉伸下肢训练，可松弛肌肉，恢复体力，避免肌肉拉伤。

我们鼓励您在休息日进行拉伸。在这些日子里，几分钟的拉伸就可以让您肌肉放松，以更好地为下一阶段做准备。即使您时间紧张，总还是有一些闲暇的时刻可以用来伸展您的肌肉的，您可以在早上伸展小腿，也可以坐在办公桌前轻轻地伸展腘绳肌或颈部。

外卖食品中包含的热量

或许没有什么可以比得过美味的外卖，但是要注意热量的摄入量。上图是肯德基鸡胸肉（163克），以及一个巨无霸（215克）和一个必胜客15厘米的比萨所含的热量。

一切皆有可能。“不可能”的意思是“不，可能”。

——奥黛丽·赫本

就是这样！

第3周完成

- 您知道休息是锻炼计划中重要的组成部分，锻炼时您的肌肉会紧缩，休息可以使肌肉得以恢复，为下一阶段做准备。
- 您意识到休息非常有助于锻炼后恢复，睡眠尤其重要。您会在繁忙的生活和工作中尽可能地保证充足的睡眠。
- 您逐渐养成锻炼前后拉伸的习惯。
- 休息日也尽量做一些拉伸，以便放松肌肉，为下一阶段的锻炼做准备。

本周小结

第4周

使锻炼成为习惯

突然间，跑步成为您日常生活中的一部分……

反复有规律地做一件事就会成为习惯。有的人忙碌一天，晚上仍然会跟孩子嬉笑玩耍；而有的人选择晚上瘫在电视机前吃外卖，在上床睡觉的时候还觉得没有一点属于自己的时间。不管是有时间还是没时间，我们日复一日地重复着某一行为，就会形成习惯。

有时，您并不是很想做的事却会成为您的习惯，同样，您也可以把真正喜欢做的事变成您的习惯。想想您已经坚持锻炼到现在了，而且还在坚持，您就有理由让锻炼成为您的习惯（至少得坚持到12周结束，完成5千米挑战）。

本周目标

继续坚持，以使锻炼慢慢变成习惯。

无论是好习惯还是坏习惯，都是同一个动作反复做养成的。在您意识到这一点之前，运动已经成为您的一种习惯了。

我们反复做的事情造就了我们自身。优秀不是一种行为，而是一种习惯。
——亚里士多德

第4周：锻炼计划及日记

		日记
周一	快走7分钟，慢跑3分钟，重复3次（共30分钟）。确保在快走的时候身体预热起来，为跑步做准备	
周二	休息	
周三	散步5分钟，慢跑7分钟，散步5分钟（共17分钟）。注意：以稳定的速度跑步	
周四	休息	
周五	快走7分钟，慢跑3分钟，重复3次（共30分钟）	
周六	休息	
周日	休息或拉伸	

本周提示

需要做：结束锻炼后20分钟内吃一些有营养的东西，哪怕一小块水果也可以。

需考虑：想想自己每天喝多少咖啡饮品。咖啡容易让身体脱水。

不要做：在有冰雪等路况不好的地段跑步。也许被雪覆盖的草地跑起来也是安全的，但是冰雪天气最好还是使用跑步机进行锻炼。

奖励

偶尔作弊一天，吃吃喝喝，而不去锻炼。

您还有好几周才能完成锻炼，而且对锻炼依然有新鲜感，但还没有养成习惯，所以这一阶段您唯一要做的是继续坚持。在不知不觉间，锻炼就会成为您的本能，就像您每天早上起来想都不用想就会刷牙洗脸，所以您很快也会想也不用想地穿上运动衣，出门慢跑。

进入下一阶段其实很简单。现在您应该已经把锻炼纳入了每日的行程安排。显然，生活中偶尔会出现实在抽不出时间锻炼的情况，这个锻炼计划可以灵活运用，随时调整。不要因为偶尔不能锻炼而烦恼，但也不要让这种情况经常发生，否则，习惯养成的过程会被打断。

有的人喜欢晨跑，有的人喜欢晚饭后跑。锻炼的时间要根据自身生活方式安排，找一个一天中最适合锻炼的时间段。如果您一般都是在晚上跑步，但是您很想在周五下班后跟同事喝杯小酒，让自己逐渐放松下来，那就没必要折中妥协：可以换成中午跑，这样晚上依然可以喝上几杯。不要让跑步改变您的生活，它只是生活的调味剂而已。

66天

养成一个习惯平均需要66天，虽然这是平均的时间，但是将陌生的行为转换为自动的习惯，有的人耗时更短，有的人则更长——所以请务必坚持下来。不久，运动将成为您的习惯。

我们先是养成
了习惯，之后
习惯又塑造了
我们。

——查尔斯·诺布尔

有多少人有充足的睡眠?

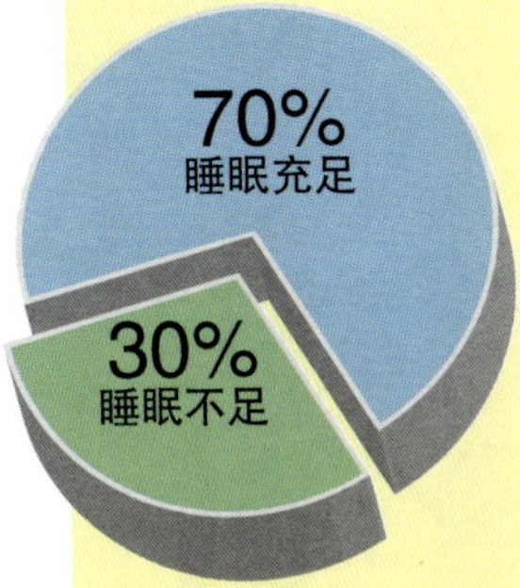

美国一项调查显示，30%的人没有充足的睡眠（至少睡够6小时才叫睡眠充足）。

睡眠不足会导致各种各样的健康问题，并使人很难进行身体锻炼，所以要确保自己是70%的睡眠充足中的一员。

经常变换跑步路线有助于保持跑步热情。锻炼之初，您只需走出家门进行锻炼。走和跑各占据一半的锻炼时间，然后返回，依然是走和跑各占据一半的锻炼时间。例如，本周五的锻炼时间共30分钟，您在第15分钟时返程回家。如果在家附近锻炼不安全（如有交通隐患）或者您喜欢不同的环境，可以选择公园附近、湖边或海边。尽量选择平坦的路面（准备充足后才可以在山地跑）。虽然有草的道路可以减缓关节的震动，但柏油路和铺面道路可以提供稳定性。不要在草多、沙多的地面跑步，因为这种地面会使您步伐减慢，不利于保持稳定的跑步节奏。

保持动力的另一种方法是找一个锻炼伙伴，如果您知道同伴在等您，就不会轻易错过每一次锻炼。与人一起锻炼的好处是，你们几乎不会同时进入瓶颈期。所以当您进入瓶颈期的时候，伙伴会鼓励您坚持下去；他低落时，您也可以鼓励他。如果觉得找人做伴对您适用，尽量找一位同您身体素质相当的同伴。无论是邻居、朋友还是兄弟姐妹。您会惊奇地发现在接下来的几周，有很多人愿意帮助您完成挑战。

习惯是支配其他五种感觉的第六感。

——阿拉伯谚语

就是这样！

第4周完成

- 您慢慢养成了锻炼的好习惯，改掉了之前窝在椅子上的坏习惯。
- 您明白了任何习惯都需要花时间慢慢养成。您下定决心继续锻炼，慢慢养成习惯。
- 像对待约会一样对待锻炼。这是您和自己的约会。
- 找到最适合您的时间段进行锻炼。希望您可以体验到锻炼带来的益处，但这并不意味着锻炼必须支配您的生活。

本周小结

第5周

渐入佳境

您跑得更轻松、更顺畅，享受跑步的过程吧……

尽管跑步才进行几周，运动量也不大，但是您可能已经感受到您的跑步状态有了很大改善。当然您不会像专业运动员一样健步如飞，但是您的身体应该已经不再像刚开始那样僵硬（身体就像生锈了一样）啦。

想做好任何一件事，最好的方法就是多练习，跑步也是一样。简单来说，想跑得更好，最好的方式就是出门真正地跑起来。所以要不断地坚持，让身体不断地去适应。下面的一些技巧可以帮助您提高跑步的效率。

本周目标

跑步的时候放松。

不必过分注重技巧。跑步的时候身体不要紧张，尤其是脖子和肩膀。

前进是我唯一的目标。

——戴维·利文斯顿

第5周：锻炼计划及日记

		日记
周一	6分钟快走，4分钟慢走，重复3次（共30分钟）	
周二	休息。当您觉得自己应该休息的时候就给自己放个假	
周三	5分钟走路，9分钟慢走，5分钟走路（共19分钟）。散步依然是必不可少的，但是现在的您正逐渐增加慢跑的时间	
周四	休息	
周五	6分钟快走，4分钟慢跑，重复3次（共30分钟）。在适当的情况下可以加快散步的速度	
周六	休息。休息很重要，不要做额外的锻炼	
周日	休息或拉伸	

本周提示

需要做：长距离跑步时记得带着水。如果您不喜欢带着水跑步，可以把水放在安全的地方。

考虑做：选择几种更利于健康、易消化的肉类，比如用白肉代替红肉，或者一周吃两次鱼。

不要做：不要跟别人攀比。

奖励

奖励自己一些新的运动装备。

其实您完全没有必要掌握所有的技能，也没有必要过于注重细枝末节。最重要的是放松，刚开始跑步的人很容易肌肉紧张，无意中给自己施加压力，甚至还有更糟糕的。

保持放松，相信自己，跑步的过程会更令人享受，还可减缓关节和肌肉的僵硬程度。不要像个木偶一样跑得又慢又呆板。如果您觉得身体比较紧张，可深呼吸几次。必要时可以停下来，甩甩四肢，轻轻晃动脖子。

上身尤其要保持放松，脖子和肩膀要松弛。如果这些部位紧张，身体的其他部位也会跟着紧张。如果您觉得面部紧张（就是脸色不自然），可站直身体，笑一笑——您会惊讶地发现这种松弛会迅速地扩展到整个四肢，此后跑得也更顺畅。

30分钟

体重56千克的人以每小时8千米的速度跑步30分钟可以燃烧298千卡的热量；同样情况下，体重75千克的人则燃烧355千卡的热量，体重85千克的人则燃烧426千卡的热量。如果是俯泳，以上三种体重的人30分钟燃烧的热量分别为300千卡、372千卡和444千卡。如果是骑车，骑行速度为每小时22千米，三种体重的人燃烧的热量分别为240千卡、298千卡和355千卡。

坚韧的品格内化在灵魂和精神深处，而不外显于肌肉中。

——亚历克斯·卡拉斯

现在是时候买一双合适的跑鞋了（如果您喜欢，还可以买一套智能运动套装）。跑步锻炼以及跑5千米穿普通的运动鞋是不合适的。因为普通运动鞋并不适合跑步，不能给予您必要的保护，所以不建议穿着普通运动鞋跑步，否则，您将很容易受伤。

买哪种鞋子好呢？跑鞋并不便宜，您不必买很贵的跑鞋，可以去专卖店或大型体育用品店购买。不要害怕向那里的工作人员解释您刚刚开始跑步锻炼，如实告诉他们，他们会给您一些建议。专业的鞋店会询问您的运动方式，然后给您推荐一款既防震又舒适的鞋子。如果您以前跑步时穿的鞋子都很随意，您会马上感受到它们的差异。

穿着旧短裤或紧身裤和宽松的T恤跑5千米并不是不可能。但是，好的运动服使用的是透气材料，即使在恶劣天气条件下，也会让您感觉很舒适。天然纤维的运动裤不仅透气而且可以减少擦伤，穿有内置衬裆的短裤更好。女性穿运动内衣不仅舒适，给胸部提供支撑，还可以减少胸部的晃动。好的运动内衣在人跑步时不仅吸汗，还不会摩擦皮肤。

饮品中的热量

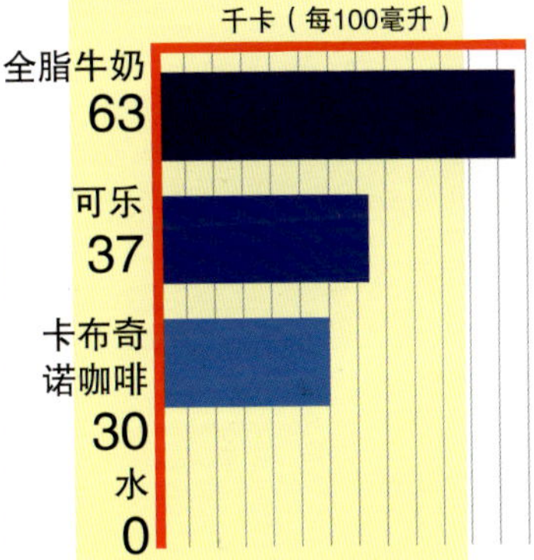

每天喝充足的水。不要减少身体的水分，您只需要平衡喜欢的各类饮品即可。上图显示了一杯全脂牛奶、可乐、卡布奇诺咖啡和水中所包含的热量。

如果不会飞，那就跑；如果不会跑，那就走；如果不会走，那就爬；无论怎样，都不要停滞不前。

——马丁·路德·金

就是这样！

第5周完成

- 现在您的跑步状态已渐入佳境。
- 您知道要想做好一件事，最好的方式是多练习。坚持跑步，您会更加健康。
- 您知道提高技能最好的方式是放松，尤其是脖子和肩膀，一定要放松，相信身体可以适应。
- 您应该已经购买了合适的鞋子和运动衣，合适的装备可以让您跑得更快、感觉更好，也会避免受伤。

本周小结

第6周

小有成效

您觉得身体正在变得更健康。这是您一直以来坚持的成效……

这里有个例子，有个人特别喜欢叫外卖，喜欢和朋友一起喝啤酒，有一天他决定健身。他的想法其实很简单："当我老的时候，这些油炸食物和啤酒会增加胃的负担，我可不愿意这样，所以要么放弃我所爱，要么开始锻炼，这样我就可以继续随心所欲地吃吃喝喝了。"

他认为做点什么总比无所事事要好，虽然这种想法在任何健身说明书上都不大可能找到，但是他开始了锻炼，并且喜欢上了锻炼。有一天在公司餐厅，他竟发现自己点了一份健康的鸡肉和果蔬拼盘，而不是以前经常点的汉堡和薯条。这绝不是因为他突然变得注意饮食了，或者"无意间发现自己饮食健康了"，而是因为运动带来了正能量，身体需要更好的东西来助力运动。

本周目标

专注训练，锁定最后目标，享受运动使身体变得更健康的过程。

在本阶段不要刻意地改变生活——您只需要看准最后目标，其他益处都会纷至沓来，这是对您努力坚持的最好奖赏。

一番努力后，就去痛痛快快地玩，对此无须内疚。

——吉米·罗恩

第6周：锻炼计划及日记

		日记
周一	5分钟快走，5分钟慢跑，重复3次（共30分钟）	
周二	休息	
周三	5分钟散步，11分钟慢跑，5分钟散步（共21分钟）。每周增加一点长跑距离，不要分神，专注目标	
周四	休息	
周五	5分钟快走，5分钟慢跑，重复3次（共30分钟）	
周六	休息。认真锻炼一周后，好好休息一两天	
周日	休息或拉伸	

本周提示

需要做：跑步时，身体要挺直，不要向前伸，也不要耸肩；眼睛向前看，不要向下看；双手放松，步伐平稳。

需考虑：早餐富含营养（如麦片粥或是水果酸奶）。您一定知道，早餐是三餐中最重要的一餐。

不要做：锻炼时脱水。当您开始做更多锻炼时，休息的时候需要喝更多的水。

奖励

印度式头部按摩一次。

设定一个目标（如跑5千米）之后，您的潜意识会被调动起来，吸引其他的身体机构来支持您完成这个目标。当接受培训并保持对目标的关注时，您会发现自己已经习惯了与营养、运动套装或跑步技巧等有关的东西。

正如我们一开始所强调的，短时间让您的生活发生太大的变化很容易导致失败。您开始锻炼已经是积极的一步，没必要改变一切。就像前面提到的故事，久而久之，其他的积极影响也会到来。您也许已经发现自己没有了出门前喝一杯酒的习惯，因为您想在晨跑时保持清醒，或者您可能在白天喝更多的水。无论您觉得精力多么旺盛，都不要强制改变。只要专注锻炼和最后的目标，其他的积极方面会自然而然地到来。

现在，请您好好享受锻炼带来的益处吧！可能您现在已经慢慢感受到了，如睡得更香，醒来时更加神清气爽（身体可能会有点僵硬），在工作日不会觉得疲惫。

现在，回到您的最终目标上来：跑5千米。还有几周的时间，仍然有足够的时间让您的肌肉做好准备，所以如果您还没有准备好，那么现在可以考虑您要在哪里完成5千米的挑战了。

5天

英国健康专家发现，成年人每周至少要进行5天，每天30分钟的中等强度的锻炼。运动不需要连续，但每次至少需要进行10分钟。

由身体锻炼磨炼出的智慧之刃锋利无比。

——小普利尼

Standby
00:00.0
83
STOP
START

30分钟不同运动的热量消耗（千卡）

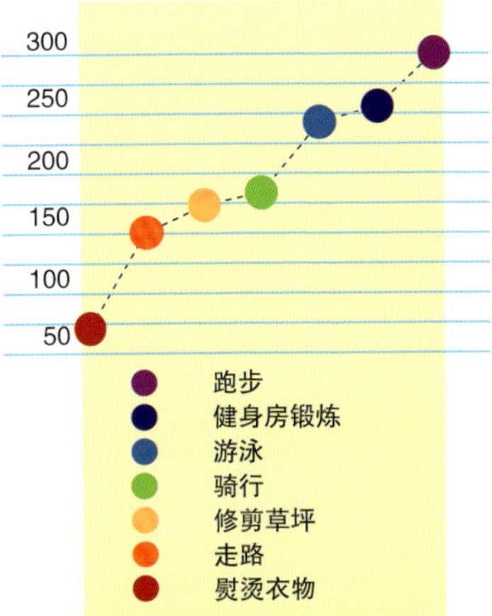

不同活动消耗的热量不同，值得注意的是，即使是一些日常活动也能帮助您保持健康。

上图显示了修剪草坪，以每小时6.5千米的速度快步走，以每小时19~22千米的速度骑行，以每分钟46米的速度游泳，以每小时9.5千米的速度跑步等所消耗的热量。

最有趣的是找一个和您的目标日期相契合的有组织的跑步比赛并加入其中。生活中有很多跑步比赛，那些铺天盖地打着广告的比赛很有可能就在您身边。也许周末去一个远离城市喧嚣的地方进行挑战会更有趣。拉上您的伙伴、家人或朋友（或者都叫上），去海滩、去登山、去繁华的大都市，总之去那些最让您身心愉悦的地方。这样也会在接下来的几周给您增添动力和斗志。

参加有组织的比赛会给您带来额外的支持，如水供应点、道路安全人员，当然，距离也会被精确地计算出来。虽然有一些特定的5千米赛事，但是很多赛事都可能会跟全程或半程马拉松比赛挂钩，或者与节日或特殊的地区性周末结合在一起，在这些周末同时会安排很多其他活动。这些比赛通常得到很好的赞助，并且参加比赛的人很多。大多数比赛都是在周末举行，所以在我们锻炼的这12周里，碰到一个在周末举行的跑步比赛应该很容易。

但是，如果您确实没能参加一次这样的比赛，或者觉得这只是一项单人运动，不喜欢成群结队，当然也可以自己组织自己的“比赛”。开车或者骑自行车很容易就能测量出自己的5千米，等到了“比赛日”，一切都要靠自己准备。

慎守女身，物将自壮。

——庄子

就是这样！

第6周完成

- 现在您正享受锻炼带来的益处，沉浸在积极健康的感受中，这是您应得的，而且以后这样的益处会越来越多。
- 您现在只需要关注这项挑战，不要试着一次性地改变您生活的一切。现在只需改变一件事就已经足够了。
- 您已经感受到了一些好的改变：饮食更健康规律、饮水更多等。只需继续专注自己的挑战，好的习惯也会随之而来。让这些都顺其自然地发展，不要强制和干预。
- 您已经开始计划自己的挑战日，清楚地知道在何时何地完成自己的挑战。知道这些，会让您的目标更加清晰。

本周小结

第7周

您已经成功了一半

是时候评估一下自己：看看短时间内进步了多少……

您现在离跑5千米的最终目标还有一半的时间。您可能有点担心自己进步不够快，担心自己无法做到。如果您几周前只是放弃了比萨，那么想要做到跑5千米仍然会有很长的一段路要走。

如果您不仅放弃了比萨，还按照计划进行了锻炼，那么请放松身心，要对自己有信心，保持锻炼热情。您之前的锻炼已为接下来的锻炼奠定了坚实的基础，并改掉了坏习惯，养成了新的运动习惯。您现在有了一个理想的基础条件，向终极目标冲刺吧！

回想一下几周前您是什么状态，那时候能够闭上眼睛下定决心完成12周的挑战都真是艰难的一大步。想想您已经走了多远——其实时间并不长，是不是？就在这么短的时间内，您已经能够感觉到身体上和精神上的积极变化。

本周目标

继续向终点靠近，不要担心运动强度不够。

这个锻炼计划和运动强度都是精心设计的，循序渐进而又卓有成效，可以带领您不断向设定的目标前进。请逐步完成这个过程，并继续坚持！

那些相信自己有所为和相信自己不能为的人都是对的。

——亨利·福特

第7周：锻炼计划及日记

		日记
周一	4分钟快走，6分钟慢跑，重复3次（共30分钟）。开始的快走在逐渐缩短，所以在开始之前要做好拉伸	
周二	休息。不要在休息时进行额外的锻炼。让身体得以恢复	
周三	5分钟散步，13分钟慢跑，5分钟散步（共23分钟）。第一个5分钟散步是为了拉伸双腿，为跑步做准备	
周四	休息	
周五	4分钟快走，6分钟慢跑，重复3次（共30分钟）	
周六	休息。可以抽出几分钟时间进行拉伸	
周日	休息或拉伸	

本周提示

需要做：利用每天的各种机会进行运动，如以爬几层楼梯代替坐电梯。

考虑做：在锻炼的前一天放弃饮酒。宿醉是非常影响锻炼的。

不要做：跳过锻炼的一部分。这是锻炼进行几周后的常见情况。但是切记，持续的锻炼是实现目标的唯一途径。

奖励

休息一天，去吃喝玩乐吧！

锻炼不仅可以强身健体，还有益于提升注意力。

为自己目前取得的成绩而骄傲吧。少去想那些艰难的日子，多关注美好的日子，不断重复。失败的经历将短暂停留，成功的记忆会历久弥新。

重读每一部分的小结和备注，时刻提醒自己已经取得的成绩。可想而知，肯定有很多相似的话语：“今天好累，我永远也做不到！”或者“每跑几分钟我就得停下来喘口气。”跟现在您的记录对比一下，从这些记录中您能看出自己的进步。

进步是一点一点逐渐积累下来的，积跬步以至千里，所以回顾一下，祝贺自己目前为止完成的那些计划。说实话，我相信很多人，包括您在内，可能没有想到他们竟然可以坚持到中段。但事实是，他们做到了，并且正在稳步前进。

如果您正和其他人一起锻炼，不要时刻跟别人比较。适度健康的竞争会让你们都更有动力前行，但不要把这当作比赛。您锻炼不是为了比别人强，而是为了自己的健康。尤其是当您

7, 8, 9

我们大多数人都被告知，每天晚上需要“8个小时的高质量睡眠”。专家建议成年人每晚睡7~9个小时，只有您自己知道多长时间是适合自己的。试着养成规律的睡眠习惯，而不是在周末“补觉”，因为这会打乱您的睡眠周期。

未来属于那些相信梦想之美好的人。
——安娜·埃莉诺·罗斯福

的锻炼伙伴比您进步快时，更不要让这种情形困扰到您。每个人都是不同的个体，重要的是您努力了，并且在进步。

现在您已经完成了一半的锻炼计划，是时候考虑是否通过跑步来做慈善了。如果您已经参加了一项比较大的活动，很有可能这个活动就是组织起来筹集资金给某个慈善机构的。您的一些入场费可能会被指定捐给这个慈善机构，当然，任何额外筹集到的资金永远不会被拒之门外。即使您参加的比赛并不是具体做什么慈善的，您也许仍希望筹集一些善款。我们大多数人做事都是出于个人的原因，跟着心走。与您所选择的慈善机构合作，也可以让您更有动力来完成您的挑战。

慈善机构会非常欢迎您的参与。您要与选择的慈善机构保持联系，说明您现在打算做什么。大多数的慈善机构都为此做好了准备，并且会有专门的包裹，包括赞助表格、海报，甚至是安全密封的收藏箱等一切您需要的可以筹集资金的工具。所以，一开始的想法不过是要锻炼，现在锻炼的意义可能如滚雪球般越来越大。

锻炼带来健康

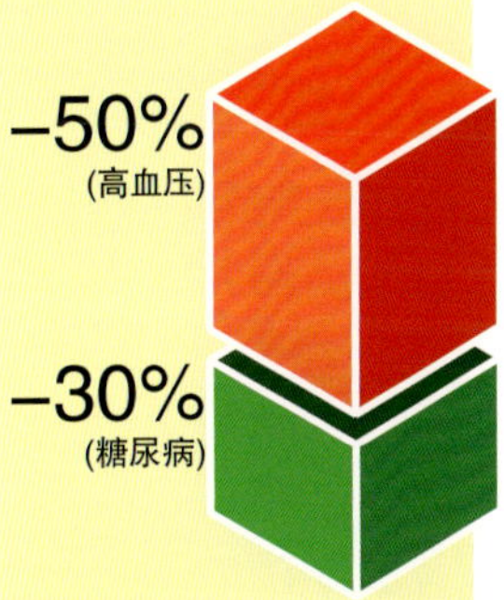

规律的锻炼可以降低罹患慢性病的风险，如高血压（降低50%）、缺血性心脏病（降低40%）、乳腺癌（降低27%）、中风（降低27%）等。

生活中的很多失败是因为人们不知道自己放弃时离成功仅有一步之遥。

——托马斯·爱迪生

就是这样！

第7周完成

- 提醒自己距离挑战日还有很长时间，所以即使没有长足的进步也没必要忧伤。
- 翻看前几周的锻炼日记，提醒自己已经坚持了很久。
- 不要和别人比较，这是您自己的挑战，不要太在意其他人。
- 现在您已经完成了锻炼计划的大半！干得漂亮！

本周小结

第8周

重新做出承诺，继续前进

回忆当初为什么开始跑步，向着终点前进……

现在已经到了12周锻炼计划的关键环节，是时候再一次下定决心跑5千米了。尽管现在放弃、重新回到久坐族的概率比锻炼初期要低（都坚持到了现在，为何要放弃呢？），但是有些人还是会放弃，此时重新下定决心是有必要的。

还记得一开始您告诉别人跑步目标的时候吗？现在是时候重新做一遍了。有可能其他人会关注您的近况、询问现在的进展如何，所以你们会很容易聊起来。例如，“是的，还有几周就结束了”。跟之前一样，不要成为办公室的“烦人精”，聊天的时候顺便提及此事就行。如果您选择参加慈善活动，也许现在可以在办公室公告牌上贴上赞助表格，或者给朋友和邻居发电子邮件。

本周目标

想象自己成功完成挑战时的画面。

头脑和身体精诚合作，本周您要使您的挑战变得更具体。想象自己在起跑线上蓄势待发和完成挑战的场景吧，然后“感受”这种成功的滋味。

不要总是看手表，要学习它：一直走！

——萨姆·利文森

第8周：锻炼计划及日记

		日记
周一	3分钟快走，7分钟慢跑，重复3次（共30分钟）。慢慢开始，速度保持稳定	
周二	休息	
周三	5分钟走路，15分钟慢跑，5分钟走路（共25分钟）。在走路的时候进行热身和冷身	
周四	休息	
周五	3分钟快走，7分钟慢跑，重复3次（共30分钟）。现在走路对您来说是一种很重要的休息，可以给您喘息的机会	
周六	休息	
周日	休息或拉伸。接下来的几周非常关键，所以要向前看，为接下来的锻炼做准备	

本周提示

需要做：想想自己的锻炼强度。您现在可能觉得自己的身体健康多了。不要给自己加压。现在还没到终点。

需考虑：增加蔬菜摄入量。比以往多吃一些蔬菜。

不要做：吃甜食。随着运动量增多，您的胃口也会随之增大，可能会想吃巧克力或其他甜食。

奖励

和朋友一起吃吃喝喝一晚吧。

这周是重新规划行程的好机会。还记得最开始的那个想象练习吗？现在可以重新想象一下，只是现在要添加一些细节。众所周知，身体和头脑在工作的时候是相互协调和配合的；头脑不断对身体下达指令。事实上您做的任何事都来自大脑的指令，所以让身体和大脑一起精诚合作吧！

本书一开始就提到，您不必成为精神胜利法的专家，但是您头脑中的想法会影响您，所以要专注积极的方面而不是消极的方面。事实上，人们每天都要进行想象，只是大家没有意识到。例如，您想买一套新厨具，在真正买之前您会有各种各样的想法。您可能在脑海中想象了非常多的细节：厨具的颜色、水龙头的形状，甚至“闻到”了厨具的气息，“感受到”了金属手柄的光滑。大脑只是进行了想象，而您身体的行动（和您的钱包）让其变成了现实。

您已经做了重要的一件事，即设定目标。一旦目标确立，您就要保持专注，身体和大脑要精诚合作，向目标迈进（这就是我们不断重复“要一直关注最终结果”的原因）。

2

运动饮料含有2种重要的成分——电解质和碳水化合物。长时间的锻炼会使身体失去电解质，而碳水化合物可以提供额外的能量。尽管水对大多数爱运动的人来说是很重要的，但运动饮料会为您提供帮助，也许您会喜欢它。

我发现，一旦你说你满足于做第二名，那么生活绝不会将第一名的位置赏赐给你。
——约翰·菲茨杰拉德·肯尼迪

30
KBC
6307
FORTIS
F 574
ROTTERDAM 2003
FORTIS

现在想象一个成功、宜人的比赛日画面——就像您想象中的新厨具。您“看到”朋友和家人在起跑线上为您加油助威、“嗅到”空气中的清新、“感受”到其他参赛选手的期待。现在想象自己跑得很顺畅，可能还跟旁边友善的选手聊天。“感受”脚下的跑道在一点点后退，整个跑步过程特别舒适，所有的观众都在为您加油鼓掌。就像爬山，尽管您不是很想爬，但是因为开心，顺利到达山顶也完全不是问题。然后“看到”最后冲刺阶段；您就要到达终点。如果您的想象里有奖励这一项，“记得”奖励自己（如一瓶啤酒），这叫“未来记忆”——有些事您“记得”但还没发生。“看到”自己跨过终点线，如释重负、喜笑颜开，回去后和朋友一起享受应得的快乐。

很多人在运动刚开始的时候会忽略这一步。首先，想象过程最多几分钟，不会占用很长时间；其次，想象和您一直坚持的身体锻炼同样重要。很多顶尖运动员都在用可视化技巧帮助训练。您能“看到”和“感知”的越多，真正比赛日的时候您就会有更多“似曾相识”的感觉。大脑的潜意识会让真实和想象难以分辨。

酒精中的热量（千卡）

人们饮下的各种酒的热量值很容易计算。图中显示的是330毫升的啤酒（酒精纯度4.8%），175毫升的白葡萄酒（酒精纯度13%），25毫升的金酒（酒精纯度40%）和275毫升甜酒中所含的热量数值。

求知若饥，虚心若愚。

——史蒂夫·乔布斯

就是这样！

第8周完成

- 现在您已经到了这项挑战的关键阶段，进入12周锻炼的后半程。

- 通过告诉朋友、家人和同事您的最新进展，您已经重新做出承诺，或者如果您已经选择了一项慈善事业， 可能您已经得到赞助了。

- 您认识到在最开始的时候设定目标是极重要的事。您的头脑和身体并用，向终点迈进。

- 您在头脑中已经描绘了比赛日那天跑得酣畅淋漓的跑步画面，尽可能地想象细节。

本周小结

第9周

向着终点全力冲刺

加大锻炼的强度……

之前我们提到了在跑步时保持放松的重要性，现在这一点依然适用。您有足够的时间完善自己，以实现最终目标。目前，最好的做法就是坚持锻炼。可以通过使用一些简单的技巧，让跑步变得更轻松、更愉快。

您可能不喜欢爬山，也可能不喜欢别人爬得比您快。同理，爬山时转个弯看见前面还有很长的路要跑，从而望而却步是很正常的。明白这些后，在跑步时要放平心态，开开心心享受锻炼的乐趣。跑步时不要使身体紧绷，记住之前的提示，脖子、肩膀和面部要放松。如果身体紧绷，这种紧张感会不断扩散，最终导致整个身体都非常僵硬，上山跑则会更困难。

本周目标

关注技巧，助力跑步。

虽然您不一定要成为跑步大师，但是花几分钟研究一下跑步技巧是很有必要的。

成功的钥匙就藏在闹钟下面。

——本杰明·富兰克林

FORTIS
1695
1204
FORTIS
F 328

第9周：锻炼计划及日记

		日记
周一	2分钟快走，8分钟慢跑，重复3次（共30分钟）。因为快走很短暂，所以锻炼之前要进行充分拉伸	
周二	休息	
周三	5分钟散步，3千米慢跑，5分钟冷身（共10分钟，3千米）。不要担心时间，重要的是跑完全程	
周四	休息	
周五	交叉锻炼（如游泳或骑车）。做一些不同的锻炼以免感觉单调，同时可以锻炼不同部位的肌肉	
周六	休息	
周日	休息或拉伸	

本周提示

需要做：重新衡量跑步这个运动方式。选择舒适且放松的方式。

需考虑：增加水果摄入量。对于那些忙个不停的人来说，吃点苹果和香蕉是个很不错的建议。

不要做：给自己找不去锻炼的借口，如下雨。只要注意保暖，在雨中跑步是令人振奋的。

奖励

给自己一个小时放松的时间。

上山跑时，身体保持直立，不要向前倾斜，眼睛向前看，这样有利于身体放松。很多人会向下看，因为他们觉得看不见山头，就不会有太多压迫感（但是向下看的时候要当心！）如果您不紧张，那就不要在意。但是身体直立的方法是很可取的。

当您上山跑的时候，可能觉得自己步子变小，速度变缓。但如果您身体前倾，步子比平常迈得更大，是不对的。因为您潜意识里想着“征服这座山”，至少是“尽快爬完”。虽然这种情况很常见，但是请不要这样做。上山跑时速度会不可避免地慢一点，这同开车上陡坡速度会减慢是一样的道理。

虽然上山跑时您努力想保持在平地上的速度，但是请接受速度慢下来是再正常不过的事实。到达山顶后，不要觉得任务已经完成而长舒一口气，随即停下来或者慢下来。您要保持相同程度的努力，很快呼吸就会恢复正常。

4或9

每克面粉、面包、麦片、水果和蔬菜等食物中的糖和淀粉（碳水化合物）内含4千卡热量，而每克脂肪中含有9千卡热量，大约是其两倍。当您想要健身和养生时，需要知道这些，您计算过吗?

要么顾影自怜，要么奋力向前，无论做什么，都取决于您自己。

——韦恩·戴尔

不管您是只能跑到半山腰或者能跑完整个山头，在目前这个阶段，都是可以接受的，在接下来的几周您还会继续提高。

接下来就是让人开心的下山跑了。虽然我们都害怕看到前面一眼看不到尽头的高山，但是我们都喜欢下山跑步时的舒展。下山的时候可以很轻松地跑，是不是？但千万不要像一头兴奋的公牛一样向下冲。要享受下坡的过程，尽量保持动作优雅。因为重力的关系，下山跑时速度会自然而然地加快一点，跟着重力走，不要强迫自己放慢步伐。

就像您应该避免在上山跑时身体前倾一样，下山跑时要避免身体后倾，尽量保持直立，跑步的时候不要拖泥带水。在陡一点的山坡跑步时，您可能会觉得身体不受控制。此时，要放轻松。在崎岖的路面上跑步时，这一点更重要。即使是在平坦的路上，也会有坑坑洼洼或者零星的石子，更不用说在泥泞的道路或者石子路上了。如果被绊倒或者滑倒，那下山跑就很危险了。所以，在跑步的时候要留意各种障碍，当然也要留意其他的跑步选手。

四种基本食物组合

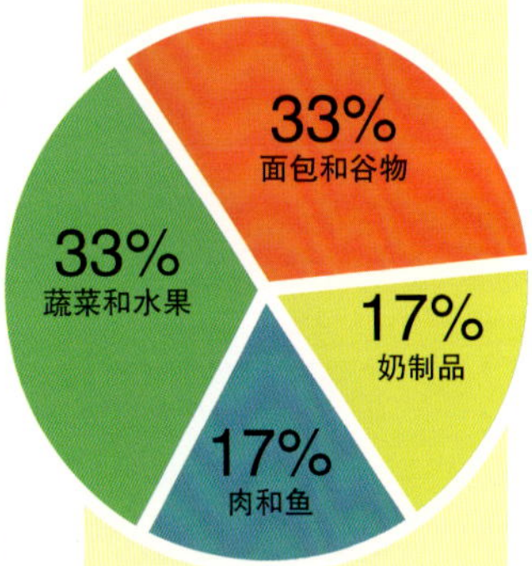

试着按照上图“四种基本食物组合”保持饮食均衡，每天都摄入上述食物，但也要限制饮食中包含的脂肪量。

催促自己到达不曾去过的远方，需要十足的勇气。
——阿奈·宁

就是这样！

第9周完成

- 不断提醒自己：锻炼中最需要做的是保持放松。
- 上山跑时尤为重要的是保持放松。上山跑没什么可怕的，当越来越靠近山顶的时候，您就会不那么害怕了。
- 上山跑时步子不要那么大，发力要均匀，要接受速度变缓这一现实，不要总想着“征服这座山头”。
- 下山跑时要顺着重力，学着享受自然产生的力量。一定不能失控，不能像公牛一样狂奔。

本周小结

第10周

控制

感觉健康、舒适。跑步越来越轻松……

现在，跑步可能已成为您的习惯了。您已经习惯起床、穿上跑鞋和运动衣、出门、跑步、拉伸、回家的生活方式。您可能会想："我为什么没有早点开始跑步呢？我现在觉得身体很舒服，状态也不错，跑5千米肯定没什么问题了。"其实很多事不小心都可能出差池，当您越接近最终目标时，就越要小心提防。

如果您担心自己做得还不够，可能会导致"最后一分钟恐慌"，因为出现焦虑而在剩下的时间里疯狂锻炼，或者在本计划之外进行"额外锻炼"。这也可以理解，尤其是您下定决心要完成这个12周锻炼计划时。其实这样做弊大于利。本计划是循序渐进、不断接近目标（就像搭积木）的。如果您严格遵守，等那一天到来时，您的身体会健康、强壮，并且会成功完成5千米跑步的目标。

本周目标

不要过度自信或者担心自己做得还不够。

如果过度自信，锻炼过程中可能表现为逼自己太紧；而担心锻炼不足则会逼迫自己做更多额外的锻炼。两者都不可取，您要对本计划有信心。

滴水可以穿石。

——柳克里修斯

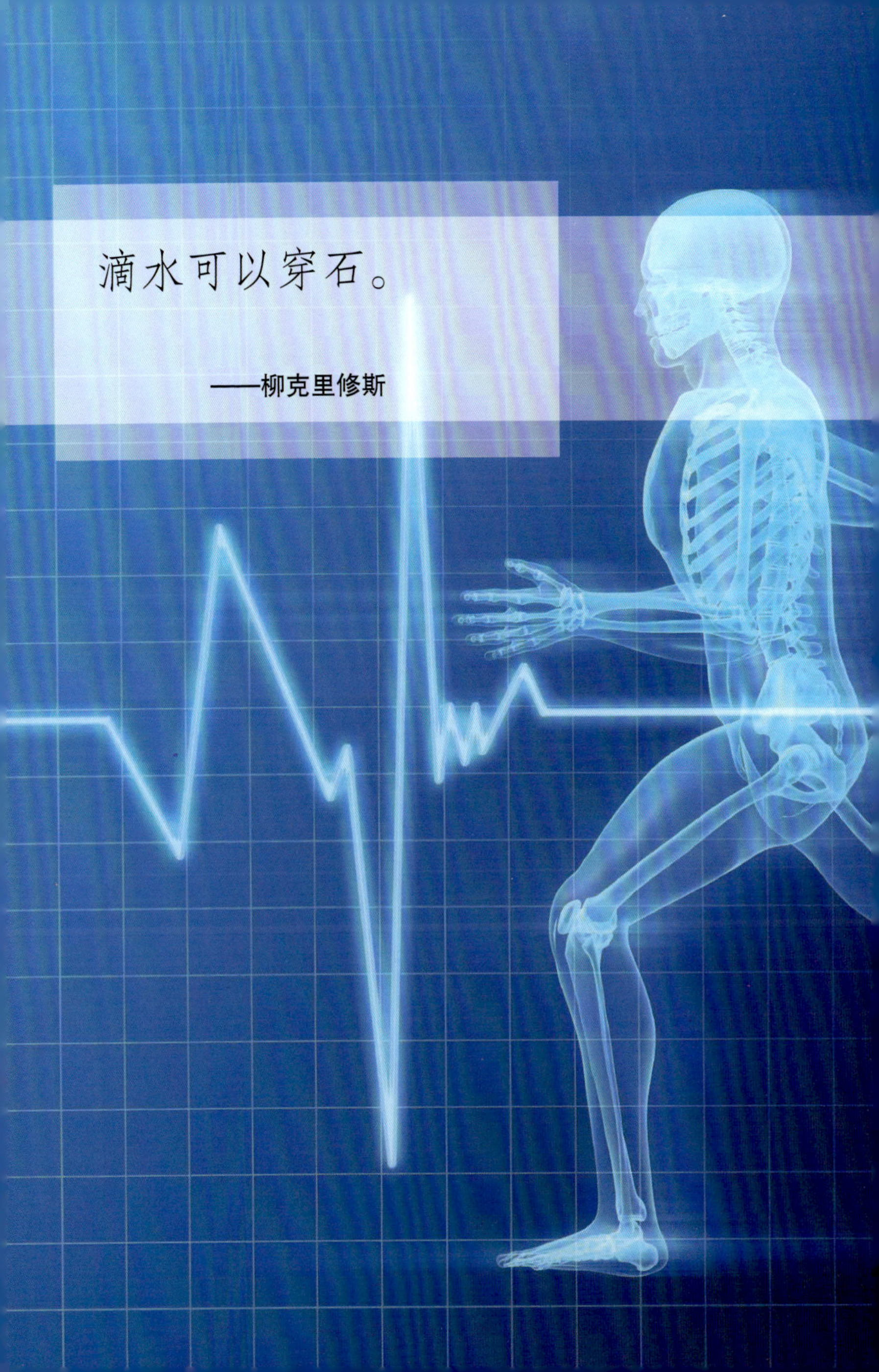

第10周：锻炼计划及日记

		日记
周一	1分钟快走，9分钟慢跑，重复3次（共30分钟）。在锻炼期间养成利用短距离走路喝水的习惯	
周二	休息	
周三	5分钟走路，20分钟慢跑，5分钟快走（共30分钟）	
周四	休息。现在您跑步的强度在加大，在休息时做一点拉伸很重要	
周五	1分钟快走，9分钟慢跑，重复3次（共30分钟）	
周六	休息	
周日	休息或拉伸。确保热身之后再拉伸肌肉，因为接下来的几周很重要	

本周提示

需要做：在您觉得锻炼很无聊时，回想是什么促使您开始跑步的，想想自己每完成一项锻炼后的感受。

需考虑：夏季到来时，最好在早晨或太阳落山后跑步。

不要做：锻炼时跳过热身和放缓阶段以节省时间。它们是本计划重要的部分。

奖励

抽一天时间做自己爱做的事。

额外的锻炼，尤其是那些高强度的锻炼会让您的腿部酸软，甚至受伤，最终使您前功尽弃。

您可能觉得自己的进步远比想象中要大，但是过度自信会让您在这一阶段锻炼过多，而不再关注最终的结果。这里有个实例，有个人为了一项跑步比赛，锻炼起来特别刻苦，因为他相信这样可以带他实现最终的目标，甚至极端到把和他一起锻炼的朋友都快逼疯了。这样确实有效果，这个人不仅体重下降了，而且身体也变得越来越强壮、跑步速度也快多了。在正式比赛前两周的跑步锻炼中，他跟朋友说他觉得自己现在很强壮，不需要遵从那一天的跑步安排。他带着必胜的信心跑了出去，率先结束了跑步锻炼。但两周后，他没能完成最后的跑步比赛，因为锻炼已经透支了他的体力。您想以同样的方式毁掉您这段时间的努力吗?

您也许只是为了比赛而跑，只是想不再当久坐族。显而易见的是，锻炼使您变得强壮，您可能已经定了一个具体的时间来挑战目标。这一点很好，我们在此预祝您成功!

17~19

澳大利亚和新西兰的研究人员发现，连续17~19小时不睡觉的人开车的状态比少量饮酒的人表现更差。由此不难看出，睡眠对于任何想要关注自己健康的人来说都很重要。

步伐规律的秘密是耐心。

——拉尔夫·华尔多·爱默生

FORTIS
5906
FORTIS
4247
asics
NSPCC
cialSports

在挑战日，首先要确保您可以成功完成跑步比赛。不要只关注最后的目标——要以自己的表现为重，您一定会实现您的目标。

这一阶段最糟糕的是您受伤或者生病。您已经知道避免受伤最有效的方式就是拉伸，所以在锻炼前后以及休息日要坚持拉伸。如果您真的受了伤，休息几天很关键，只有这样才能恢复。不要带伤锻炼。如果有必要，要去医院检查。错过一两个锻炼日要比伤势变严重强。

在这一阶段患感冒也挺让人无奈的。好消息是适度和经常性的锻炼能增强免疫力，所以此时感冒的概率要比刚开始锻炼时低。但不要以为这样就可以高枕无忧了，您仍要注意预防感冒（如经常洗手等）。此外，每日锻炼后要尽快洗澡或淋浴，之后穿上暖和的衣服，因为只要停止运动，体温就会迅速下降。

人体成分

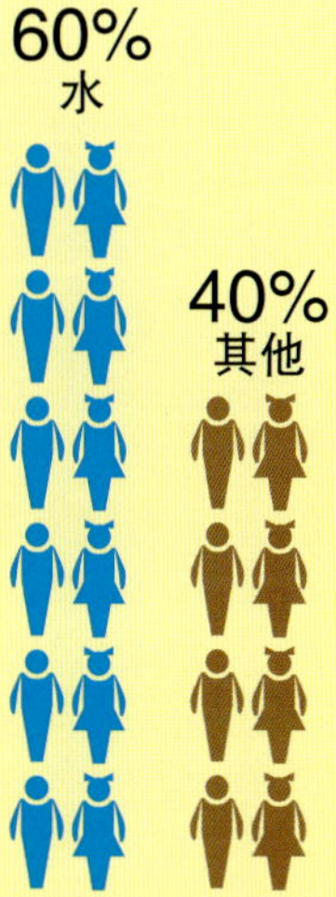

水约占人体总重量的60%。大脑中水的含量是70%，血液中水的含量是83%，肺中水的含量是90%。要确保每天都喝足够的水，以保证身体健康。

尽最大努力做到最好，不要管其他人做什么。

——约翰·亚当斯

就是这样！

第10周完成

- 跑步已成为您的习惯和本能。我敢打赌，您肯定在想为什么不早点开始跑步。
- 您提醒自己，跟着锻炼计划走，挑战日那天一定会状态良好。无须担心没有进行足够的锻炼而额外做功课。
- 提醒自己，尽管感觉良好，也要注意控制运动量。目标锁定终点，坚持锻炼计划。
- 如果受伤，必须休息。如果伤病一直不好，就要去看医生，不要带伤锻炼。

本周小结

第11周

胜利在望

开始减速，您需要专注于比赛了……

如果您是专业运动员，那么您每一天的日常安排可能就是起床、锻炼、吃饭、睡觉，日复一日，不用担心生活中的其他琐事。没有其他什么事情，您所有的努力都是为了比赛。一些特别认真的跑步者，尽管不是专业运动员，也会根据自己重要的跑步比赛安排生活，如请几天假、请人帮忙，以为他们全身心地投入比赛做准备。

然而在现实生活中，我们需要去学校接孩子，向老板做汇报，还要做家务。有些事不受您控制，在您最不想它发生的时候可能就会发生，如车子抛锚、审计人员让您交齐这五年来所有的税务发票等。

本周目标

意识到现在不是做其他事的时候，哪怕您觉得做点其他事可以转移注意力，也不要去做。

我们当然需要承担该承担的责任，无论是对家庭、对工作的责任，还是对社会的责任，但是这些都可以放在以后再做。

我们最深的恐惧，是能力超越了界限。

——纳尔逊·曼德拉

第 11周：锻炼计划及日记

		日记
周一	5分钟热身，5分钟稍微快一点的跑步，5分钟散步（共15分钟）	
周二	休息	
周三	5分钟热身，4千米慢跑，5分钟冷身（共10分钟，4千米）。跑步时身心放松	
周四	休息	
周五	交叉锻炼（如游泳和骑行）。体验不同的运动方式，不要强迫自己做不喜欢的事	
周六	休息。放松，任何有压力的事都不要做，因为这是比赛前的最后一个周末，好好享受吧	
周日	休息或拉伸	

本周提示

需要做：考虑比赛的那一天，提醒自己已准备就绪。

需考虑：在休息的时候，去上瑜伽课，做做拉伸。

不要做：无谓的恐慌。在接下来的一两周，不断给自己加压，是难以有所提升的。

奖励

给自己预定一个舒服的全身按摩。

这才是我们大多数人的现实生活，可能也是以前没有养成锻炼习惯的原因。锻炼使您不再窝在沙发上叫外卖，您变得越来越健康。

所以，虽然前面提到的很多事您无法控制，但是您不能再把它们当成借口了，而且即将进行最终目标——跑5千米，也不容您有所懈怠。有很多事是您能控制的，可以把注意力集中在您能控制的事情上。

现在不是做其他事的时候。或许，您的车库需要清理，家里的门需要修理，但是它们这样已经好几个月了，再等几周也无妨，不是吗？尽管您觉得在等待出门锻炼的时间里可以给卧室刷好看的油漆，也不要着手做这件事。

因为您可能对于即将到来的挑战有些紧张，所以会想做些简单的事分散注意力。毕竟距离跑5千米的时间只有几天的时间了，为此您已经付出了很多努力，所以这是挑战前正常的反应。当人们感到紧张时，通常会做些事分散自己的注意力。但是现在您需要把注意力放在迫在眉睫的跑步上。

36℃

在炎热的天气，运动时要格外小心。一旦气温上升到36℃，建议您取消锻炼，或将其推迟到一天中较凉爽的时间段，因为高温会给您的身体造成损伤。

对于成功而言，态度和能力同等重要。

——哈里·班克斯

平衡膳食

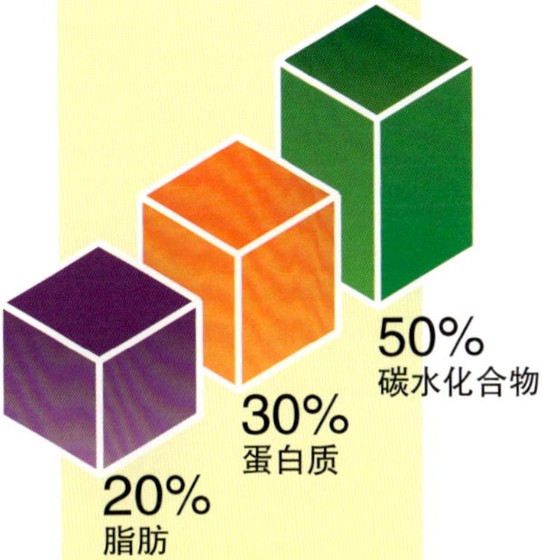

尽量让每餐食物的比例与上图一致。

碳水化合物包括大米、面包、水果和蔬菜等，蛋白质来自于肉类、鱼类、奶制品和蛋类，而坚果、鳄梨、绿色橄榄、鱼油和橄榄油等则是脂肪的良好来源。

只要您严格地按照本计划锻炼，一定能完成挑战，无须担心。这只是因为紧张而兴奋。虽然您感到忐忑不安，但别花费时间清理您的车库。

做生活中必须做的事，默默地忽略那些可以延后的事。如果您的锻炼伙伴开始抱怨，告诉他们，放松和锻炼同样重要。当然，他们可能不同意，那就笑一笑，然后把责任都推到这本书上面，我们一点也不介意。

这一阶段要确保每晚都有充足的睡眠，要多喝水、少饮酒。但不是说您必须滴酒不沾——几杯啤酒是无妨的。

若您心有所求，全宇宙都会帮您得到它。

——保罗·科埃略

就是这样！

第11周完成

- 您知道，尽管您已经全身心地投入到下一周比赛的准备中，但是在现阶段还会有很多问题不期而至。不要有太大压力，尽最大努力解决它们。
- 您知道现在不是尝试新事物的时机，有些事可以等到比赛结束的时候再做。
- 您也知道在这个阶段，紧张是再自然不过的事。不要否定自己，适度紧张有利于提高成绩。
- 睡眠要充足。白天要饮水充足，只有这样，身体才能保持充足的水分。

本周小结

第12周

跑步周

这就是您努力的目标。您已经准备好跑5千米了……

终于到了这个重要时刻。努力之后，12周的挑战已经接近尾声。正如我们之前强调的，如果您正确地按照计划锻炼，肯定能为跑步比赛做好充足的准备，没什么可担心的。只管放轻松，享受这个锻炼过程。

本周只有一两个锻炼部分，享受它们，保持身心放松，心态平和。如果您的比赛时间是在周六或者周日，在此之前您会有2~3天的休息时间。这几天的休息对您的身体很重要，能够确保您在比赛日精神饱满，所以要好好休息。建议在休息时做一些轻微的拉伸，以免肌肉收缩、僵硬。

确保在跑步之前一切工作准备就绪。浏览下面列出来的清单，把需要的东西提前放在包里，以免造成最后一分钟的恐慌，让您分神。

本周目标

笑意满满地跑出去，成功完成您的挑战。

努力了12周，终于等到了这一天。现在是时候施展浑身解数了，拿出这12周学到的本领跑起来！尽情享受奔跑的快乐吧！

您可以赢得您想要的世界。它真实地存在着，它是属于您的！

——艾恩·兰德

2380

第12周：锻炼计划及日记

		日记
周一	5分钟热身，5分钟稍微快一点的跑步，5分钟冷身（共15分钟）。整个锻炼过程都要保持轻松	
周二	休息	
周三	5分钟热身，15分钟慢跑，5分钟冷身（共25分钟）。匀速走路，跑步时量力而行，不要逼自己	
周四	休息。在接下来的几天里，休息至关重要，调整好，为接下来的比赛做准备。放轻松，不要有压力	
周五	休息。拉伸，保持轻松，想象一下比赛那天的场景	
周六	参加5千米比赛或者休息。选最适合您自己的一天进行	
周日	参加5千米比赛或者休息。选最适合您自己的一天进行	

本周提示

考虑做：尽情享受跑步过程吧！这就是您一直努力的目标，无须担忧。

需考虑：想想锻炼计划和比赛进程，想想比赛之后要做什么。

不要做：锻炼结果跟原计划不一致而灰心丧气。其实，能走到现在说明您已经进步很大了。

奖励

您已经完成了挑战，想要什么随您。

清单

- □ 合适的鞋子
- □ 袜子
- □ 短衫或跑步短裤
- □ T恤或背心
- □ 夹克衫或暖和的上衣
- □ 帽子
- □ 太阳镜
- □ 凡士林和膏药
- □ 水杯或运动型饮料、能量棒
- □ 跑步号码、安全别针和计时器
- □ 地图和当地交通详情表
- □ 毛巾和湿巾

尽量保证睡眠充足，比赛前一天晚上您或许会兴奋得睡不着觉。比赛的前一天晚上，晚饭可以吃得好一点，但不宜过多，不要饮酒、喝咖啡（跑完步之后您有大把的时间来庆祝）。与平日的作息时间保持一致。如果比赛日程较早，要比平时睡得更早些。

如果比赛安排在上午，可在赛前一小时吃早餐、喝一杯水。不要食用平常不经常吃的东西，以免胃不适应。现在可不是尝新的时候！花几分钟在脑海中过一遍比赛的具体事宜，为最后比赛的到来做好准备。

早点到达比赛点，这样您能找一找方向感，做好准备。如果有必要，穿上暖和的上衣。

6~10

如果想在白天时表现良好，那就睡个小觉，或者说得高级一点，那就去睡个能量觉，睡6~10分钟就够了。如果6~10分钟对您来说仍然是件困难的事情，可以再缩短一点时间，这样就可以避免醒来的时候感觉昏昏沉沉。

任何事情都阻止不了拥有正确思想的人去实现他的目标。

——托马斯·杰弗逊

比赛快开始的时候您可以把上衣递给朋友（也可以穿一件旧上衣去参加跑步，丢了也不心疼），很多跑步比赛都有包裹寄存点，您可以把行李放在那里，等比赛结束的时候再去取。

直到现在，您可能一直是自己一个人在跑或者跟朋友一起跑。跟很多人一起跑的感觉是不一样的，甚至有点让人生畏。在起跑线上的时候就会让您有些焦虑。享受这个氛围吧，但是不要太受其影响，也不要跑太快，这不难做到，所以，请关注自己的跑步进程，不要受他人的影响，尤其当身边的人不断超过您时。您的目的不是赢得比赛，别让这些事情困扰您。

一些大型赛事，参赛者比较多，赛道可能会比较拥挤。您的速度会降下来，这是很正常的，不要浪费宝贵的精力在其他选手中来回穿行。来回穿行跑了几米之后，您会发现人还是一样多，而您的速度并没有增快。您还会发现由于穿行来回变换跑道，其实您跑的路程远不止5千米。注意您前面的选手，小心他们减速或者突然停下。如果您需要停下，慢慢地停到跑道边上。

不管怎样，您已经准备好了……享受这个跑步比赛吧！

您有没有注意到，锻炼完不再气喘吁吁的感觉有多好？

许多研究发现，锻炼同生活的幸福感和满足感有直接联系。有比能让您面带笑容更好的理由去锻炼吗？

那些白日里做梦的人是非常可怕的，因为他们会行动起来，让梦想变成现实。

——特·劳伦斯

就是这样！

第12周完成

- 您已经在12周之内完成了5千米的跑步目标！干得漂亮！
- 告诉自己表现多么优异，在这么短的时间内进步神速。
- 在过去的12周里，由于您的努力和坚持，现在您比之前强健很多。
- 好好地奖励自己一下！享受成功时刻！

本周小结

现在做什么?

现在需要向前看

就这样结束了？完成挑战时您长舒一了口气，但接下来要做什么？

可能您实现了您的愿望，体重减轻了或穿上了最爱的裙子……接下来做什么呢？难道您要回到以前，重新变成您小区里最胖、大口吃着比萨的人？还是您想保持这种健康的生活方式？

可能现阶段您的心里有两个小人在打架，一个小人说："这些锻炼就够了！我已经向所有人证明了我能做到，现在他们都可以闭嘴了！"另一个异常兴奋的小人说："之前这个挑战挺有意思，下一个挑战是什么呢？"

如果您想到此为止，这也是您自己的选择和自由。但是过去很多星期的努力付之一炬着实可惜。没人说您必须成为健身狂，但是保持您现在的运动水平，一周锻炼几天对您来说也有益无害。如果这项挑战很激励您，试着寻找一个与此类似的挑战，或者将其综合起来，参加一些活动。

FORTIS
7027
476
607
FORTIS
140

没人规定您必须通过跑步来锻炼身体，您也可以选择游泳、骑车或者跳舞——任何可以让您动力十足和健康的运动都可以选择。

抽些时间，回顾过去12周的重点，努力回忆这段旅程。重温锻炼过程中的日记和小结也可以帮助您回忆。那些艰难的锻炼基础您已经打牢；保持身强体健比一开始容易很多。偶尔休息一下无可厚非，但是不要搁置太长时间，因为重新染上之前的坏习惯并不难。

如果此刻的您依然热情不减，就无须注入新的动力。对于您来说，健身世界的大门已向您打开，您会怀疑以前没健身的生活是怎么过的。如果这扇大门还没打开，开始规划新的挑战，以重新激发您的斗志。也许现在是时候加入当地的跑步俱乐部了。

友情提示：不要过度拉伸。一开始很容易被热情冲昏头脑，每天都想锻炼，但是您要记住，健身应根据您的生活方式适时穿插。在过去的12周里，每一周只抽出几天时间锻炼，这样才能确保有时间做其他事情。坚持做几项高质量的锻炼比广撒网但最终都失败要强得多。后者可导致身心受挫，最终让人彻底放弃。

对于那些热情不太高的人来说，可以考虑换一项运动，以保持自己的兴趣。健身应该是快乐有趣的，不要害怕改变。

如果您觉得锻炼对您来说很吃力，想想您最初的动力，回想自己获得的成功，以及身心舒适时身体的积极感受。

从今以后您决定过什么样的生活，过去的12周锻炼应该给了您非常明确的提示。现在您已经知道自己可以下定决心完成一项挑战，规划时间、坚持不懈，最终圆满完成。生活的方方面面都可以以此为鉴。

我们希望您能记住这段锻炼的岁月，希望您勇往直前。无论做何选择，您都要做好迎接下一个挑战的准备。

作者简介

丹尼尔·福特（Daniel Ford） 曾经是资深久坐族的一员，但他偶尔也会穿上运动服。当他第一次开始跑步的时候，他跑了不到几百米就筋疲力尽了。两年后，他成功地完成了在南非开普敦两场著名的双洋超级马拉松，全程56千米（35英里）。他的健身生涯也有着类似的经历：尽管第一次健身的时候他还是个连重量训练器械都不知道如何使用的人，但是不到几个月，他就可以跟得上私人教练的训练进程——他的私人教练以前是海军体育教练。

保罗·考彻（Paul Cowcher） 健身专家、私人教练，曾经是一名职业舞蹈演员，在健康和健身行业从业11年多。他通过健身课程、普拉提、瑜伽、跑步和其他运动来帮助人们达到最佳的健康状态。

罗素·墨菲（Russell Murphy） 运动心理学家、本书的心理顾问。他经常为体育人士，包括为田径运动员、高尔夫球手和足球运动员提供咨询服务。